Pequeños exploradores

Vamos a descubrir

ROMA

Textos de Daniela Celli

Ilustraciones de Laura Re

RESERVADO A LOS PADRES

Quanto sei bella, Roma... "Qué bella eres, Roma", dice una popular canción italiana de la década de los treinta del siglo pasado. Y si bien nadie tiene dudas al respecto, también es cierto que con la sola idea de explorar la capital italiana con niños puede ocurrir que nos sintamos abrumados. ¿Cómo desenvolverse en una ciudad que cuenta con más de novecientas iglesias, decenas de museos y que incluso tiene en su interior un Estado independiente?
La respuesta es simple: deja que tus hijos elijan dónde llevarte, con la ayuda de esta guía y de las historias que aquí se cuentan.

En estas páginas no está todo lo que se podría ver en la llamada *Ciudad eterna*: intentar describir o visitar todo sería una misión imposible.

SIN EMBARGO, ENCONTRARÁS CUATRO RUTAS DIVERTIDAS E IDEALES PARA NIÑOS, LLENAS DE LEYENDAS Y CURIOSIDADES PARA PERMITIR QUE INCLUSO LOS MÁS PEQUEÑOS COMIENCEN A CONOCER UNA METRÓPOLIS DONDE HASTA LOS NÚMEROS DE LAS CASAS TIENEN ALGO QUE DECIR...

Puedes usar este libro para jugar a viajar desde tu casa y, por supuesto, también para viajar de verdad. Encontrarás todo lo que les ha encantado a mis hijos y que, espero, también te encante a ti y a tus pequeños exploradores.

A mis padres (¡los cuatro!) que me enseñaron la belleza del mundo y me dieron la libertad de explorarlo.

Daniela Celli

HOLA, AMIGO, ME PRESENTO...

¡Buenos días, compi de aventuras!

Soy Lupetta, y soy romana desde hace al menos treinta generaciones,

y estoy encantada de llevarte a conocer mi bonita ciudad.

Debes saber que no hay piedra de Roma que no cuente una historia fascinante,

misteriosa o curiosa, ¡así que te aseguro que no te aburrirás!

¿Sabías, por ejemplo, que todos los días al mediodía en el monte

del Janículo se dispara un cañón?

¿Y que en el barrio Ripa se encuentra un extraño detector de mentiras?

Así que, si tienes curiosidad por saber más, podemos comenzar el viaje.

Juntos, recorreremos cuatro divertidas rutas que nos llevarán por toda la capital italiana

descubriendo montes y plazas, palacios y ruinas. ¡Incluso viajaremos fuera de Italia!

Cada ruta comienza con un mapa, donde encontrarás representadas las paradas previstas.

Si tienes sed, están los *nasoni* y si tienes hambre (¡yo siempre tengo hambre!), bueno,

Roma está llena de deliciosas exquisiteces. Por último, entre una maravilla y otra habrá

tiempo para desafiarnos con algún juego: ¡no olvides

agudizar la vista!

¿LO TIENES TODO LISTO? ¡COMENCEMOS!

ÍNDICE

ROMA

¡Buenos días, compi de aventuras!

¡Te damos la bienvenida a la Ciudad eterna!

1

VILLA BORGHESE

TÍBER

PLAZA DE ESPAÑA 2

FONTANA DI TREVI

5

Nuestro primer día en Roma comenzará con la visita a un maravilloso parque urbano. Después de dar un divertido paseo en barco y presenciar un «falso naufragio», saldremos a cazar monstruos, nos deslizaremos dentro de misteriosos subterráneos cubiertos de esqueletos y, por último, nos detendremos en la Plaza de Trevi, donde nos espera una importante misión.

PALACIO ZUCCARI

3

CRIPTA DE LOS CAPUCHINOS

4

• Una ciudad dentro de la ciudad

El centro histórico de Roma está dividido en 22 *rioni* (barrios): el primero es el *Rione* Monti, indicado con tres montañas; el último es el *Rione* Prati, cuyo símbolo es el CASTILLO DE SANT'ANGELO.

Mientras paseas por la ciudad, ten cuidado: cada *rione* está indicado con una placa con el NÚMERO, el nombre y el emblema correspondiente, que proporciona información sobre un trocito de la ciudad.

• Un viejo apodo

Roma fue definida por primera vez como CIUDAD ETERNA por un poeta latino que vivió hace más de dos mil años.

¡UN APODO TAN ACERTADO QUE LA CARACTERIZA AÚN HOY!

VILLA BORGHESE

¿Qué te parece si empezamos a explorar la ciudad comenzando desde una de sus maravillosas zonas verdes?

¡Villa Borghese es uno de los parques urbanos más grandes de Europa! ¡Un verdadero OASIS en el corazón de la ciudad, donde se puede patinar, montar en bicicleta o hacer un picnic, pero también admirar las obras de arte de la Galería Borghese, jugar a ser marineros, asistir a un espectáculo de TÍTERES en el teatro San Carlino ¡o ver una película en el cine más pequeño del mundo!

• ¡Todos a bordo! (o casi...)
En el centro del parque se encuentra el espléndido estanque de Villa Borghese, donde se puede alquilar una barca de remos y navegar entre patos y cisnes alrededor del islote que alberga el templo de Esculapio, el dios de la Medicina.

• Un reloj de agua

Muy cerca de la terraza panorámica del Pincio se encuentra un INGENIOSO INVENTO, realizado por un fraile dominico en 1867.

En este inusual reloj, el agua, al caer desde lo alto, llena dos cubetas que a su turno mueven el péndulo del reloj.

BRILLANTE, ¿NO?

VE A JUGAR CERCA DEL ESTANQUE MIENTRAS YO, EJEM... TE ESPERO EN LA ORILLA: ¡A MÍ EL AGUA NO ME GUSTA!

¿Lograrás encontrar a todos los animales en el estanque?

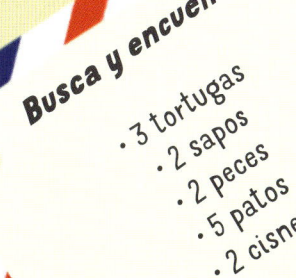

Busca y encuentra:
- 3 tortugas
- 2 sapos
- 2 peces
- 5 patos
- 2 cisnes

PLAZA DE ESPAÑA

¡Al verla desde arriba, parece una gran mariposa con alas en forma de triángulo!

Plaza de España es una de las plazas romanas más famosas. Es el elegante «salón» de la ciudad, rodeado de bellos edificios y de una maravillosa ESCALERA que desde hace tres siglos la conecta con la iglesia Trinità dei Monti. Donde solía haber un barranco, hoy hay 135 escalones de travertino. ¿QUÉ TAL SI SUBIMOS HASTA LA CIMA?

• El naufragio de la *Barcaccia*

En el centro de la plaza se encuentra una magnífica fuente en forma de barca, o mejor dicho, de *BARCACCIA*, la típica embarcación utilizada para navegar por el río Tíber. FÍJATE BIEN: ¿no tienes la impresión de que se está hundiendo? Realmente así es. Parece que el escultor PIETRO BERNINI se inspiró en una barca arrastrada hasta aquí durante una crecida del Tíber, que se remonta quizás a 1598.

PALACIO ZUCCARI

¿Vamos a cazar monstruos?

Construido en 1592 por FEDERICO ZUCCARI, este fantasioso edificio es apodado la *casa de los Monstruos* debido a la aterradora decoración de los marcos alrededor de la puerta y las ventanas. ¡Parecen horribles bocas abiertas!

¿Y A TI TE DA MIEDO? Si la respuesta es NO, dale la vuelta al libro: ¡tienes la valentía necesaria para la siguiente etapa! De lo contrario, ve directamente a la página 12.

que recubren el techo y las paredes. candelabros, columnas, arcos y adornos vértebras y esqueletos enteros para crear Un misterioso artista utilizó cráneos, tibias,

¡con los huesos de miles de frailes!

Dentro de la iglesia de Santa María Inmaculada hay una CRIPTA decorada...

A pocos minutos de la Plaza de España se encuentra uno de los lugares más inquietantes y misteriosos de Roma.

¡Sígueme, mi valiente amigo!

CRIPTA DE LOS CAPUCHINOS

FONTANA DI TREVI

¡Te presento la fuente más grande de Roma!

«Ce sta 'na leggenda romana legata a 'sta vecchia fontanaaa» (Hay una leyenda romana vinculada a esta vieja fuente): lo siento por el ¡Auuuuu! Pero me encanta esta vieja canción. Habla de una leyenda según la cual quien arroja una MONEDA a la fuente, con los ojos cerrados y dando la espalda al monumento, ¡seguramente volverá algún día a Roma!

PERO, TEN CUIDADO: ¡PARA QUE EL RITUAL FUNCIONE HAY QUE DARSE LA VUELTA A TIEMPO PARA VER CAER LA MONEDA EN EL AGUA!

• La Fontanela de los Enamorados

En el lado derecho del monumento hay una simple fontanela de piedra con dos chorros que se cruzan, probablemente para que las mujeres romanas llenaran los odres más rápido. Según una leyenda, las parejas que beben de esta fontanela y luego rompen el vaso usado, permanecerán enamoradas para siempre.

• ¿Dónde van a parar las monedas?

Los empleados del Ayuntamiento recogen las monedas lanzadas a la fuente: estas se limpian, se secan y luego se donan para obras de caridad. ¡Piensa que cada año se recauda más de un millón de euros!

¿Damos paso a una nueva aventura?

1 CASTILLO DE SANT'ANGELO

5

CIUDAD DEL VATICANO

2 PLAZA NAVONA

SUPPLÌ

RUTA 2

¡Hoy nos espera un recorrido emocionante! Comenzaremos con la visita a un bonito CASTILLO donde escucharemos una leyenda y descubriremos, nada más y nada menos, que un PASADIZO SECRETO. Exploraremos una PLAZA que en otro tiempo fue un estadio, pero también un lago, y después descubriremos los MISTERIOS de uno de los edificios más grandes del mundo antiguo. Visitaremos una iglesia con un TECHO UN POCO MÁGICO, saldremos a cazar a un cierto FELINO y, como última parada, iremos fuera de Italia... ¿TIENES CURIOSIDAD?

UN *NASONE*

3

PANTEÓN

4

SAN IGNACIO
DE LOYOLA

• Cazando *nasoni*

¿Estás de paseo por Roma y tienes sed? No hay problema, en la ciudad hay 2500... ¡*nasoni* (narizones)!

Sí, has entendido bien. Pero no nos referimos a romanos con narices grandes, sino a las FONTANELAS de agua potable: se llaman así por la forma del grifo que recuerda, precisamente, a una gran nariz.

• ¿Hambre? ¡*Supplì*!

¿Y si, en cambio, sientes un poco de languidez? ¡A mí siempre me pasa! ¡PRUEBA UN *SUPPLÌ AL TELEFONO*!

Se trata de una especie de croqueta de forma un poco alargada rellena de arroz y salsa de carne. En su interior se esconde un trozo de mozzarella fibrosa que, una vez abierto, parece el cable de un teléfono viejo.

CASTILLO DE SANT'ANGELO

Levanta el escudo, mi valiente, ¡un castillo nos espera!

En realidad, originalmente no había caballeros en el Castillo de Sant'Angelo porque, a pesar de su nombre, este imponente edificio era una gran TUMBA destinada al emperador y a su familia. Fue ADRIANO quien lo hizo construir en el 123 d. C., ¡hace casi dos mil años! En aquella época era muy diferente a como lo ves ahora: un mausoleo circular compuesto por muchos bloques de toba (un tipo de roca) revestidos de MÁRMOL blanco. En los siglos siguientes sufrió muchas transformaciones: ¡castillo, refugio lujoso e incluso tribunal y prisión!

• Un pasadizo secreto

En el siglo XIV, el Castillo de Sant'Angelo se convirtió en una fortaleza inexpugnable, con murallas y fosos, en la que el Papa podía refugiarse en caso de peligro.
Para ello se construyó un PASADIZO SECRETO, un pasillo elevado que conectaba el Palacio Vaticano con el Castillo de Sant'Angelo.

SUBIMOS A LA AZOTEA: ¡ASÍ PODRÁS VERLO MEJOR!

• La leyenda del arcángel

En el año 590 a. C. Roma fue golpeada por la peste. Según una antigua leyenda, un día apareció el arcángel Miguel encima del castillo, guardando la espada ensangrentada en la vaina para anunciar así el fin de la epidemia. En agradecimiento, se colocó una estatua del arcángel encima del Mausoleo de Adriano, otro nombre con el que se conoce al castillo (*Sant'Angelo* quiere decir «Santo Ángel» en italiano).

¿HAS ENTENDIDO AHORA POR QUÉ EL CASTILLO DE SANT'ANGELO SE LLAMA ASÍ?

17

PLAZA NAVONA

¡Hemos llegado a la Plaza *in agone*!

¡No, no me he vuelto loca! Este era el nombre de la plaza en la antigua Roma. De hecho, los *agones*, en latín, eran las competiciones y los juegos. La plaza se llamaba así porque en aquel entonces era un ESTADIO, donde los deportistas podían competir ante nada menos que 30 000 espectadores.

Más tarde *agone* mutó a *navone* y, finalmente, ¡NAVONA!

• Un lago en Plaza Navona

En 1652, el PAPA INOCENCIO X inauguró una curiosa costumbre: en verano, cuando hacía mucho calor, los cierres de las tres fuentes se bloqueaban, dejando que el agua fluyera hacia el exterior.

Plaza Navona se convertía así en un pequeño LAGO que no solo refrescaba a los ciudadanos, sino que también ofrecía muchas ocasiones de diversión: había barcas de madera, de papel maché, carruajes en forma de góndola ¡y músicos que tocaban con los pies en el agua!

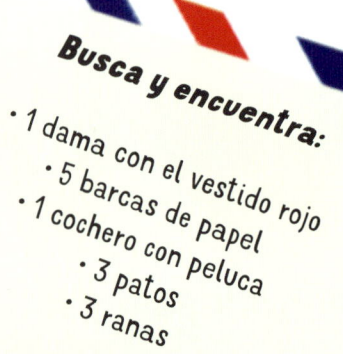

Busca y encuentra:
- 1 dama con el vestido rojo
- 5 barcas de papel
- 1 cochero con peluca
- 3 patos
- 3 ranas

• La Fuente de los Cuatro Ríos

En el centro de la plaza se encuentra la escenográfica Fuente de los Cuatro Ríos, representada por enormes estatuas de gigantes.
El monumento fue diseñado por el famoso escultor GIAN LORENZO BERNINI.

¿Pero de qué ríos se trata? El gigante rodeado de higos chumbos representa el Río de la Plata, en Sudamérica. El gigante con los ojos tapados es el Nilo, la estatua que sostiene el remo es el Ganges y, finalmente, el último es el Danubio.

PANTEÓN

¡Sígueme! ¡Estamos ante uno de los edificios más
grandes del mundo antiguo!

El Panteón, construido en la Antigua Roma por el general y arquitecto
AGRIPA, era un templo dedicado a todas las divinidades. Un siglo y medio
después de su construcción, se añadió la gigantesca CÚPULA, ¡aún hoy, una
de las más grandes del mundo! En el centro de la cúpula se encuentra la única
ventana de la iglesia: un gran «ojo» de unos 9 metros de diámetro. Según
una leyenda, hace muchos años se encontraba cubierto por una gran piña
de bronce. Sin embargo, cuando el templo fue donado al Papa Bonifacio VI,
quien lo convirtió en una iglesia, los espíritus malignos huyeron a través del
«ojo», llevándose la piña.

• ¿Cuántos años tiene el Panteón?

Para descubrirlo debemos buscar la inscripción debajo del tímpano: «M-AGRIPPA-L-F-COS-TERTIUM-FECIT» que, traducida del latín, significa: *«Lo construyó Marco Agripa, hijo de Lucio, cónsul por tercera vez»*. Sabiendo que el tercer consulado de Agripa data del 27 a. C., podemos afirmar que el Panteón fue erigido entre el año 27 y el 25 a. C.

• ¿Y cuando fuera llueve?

Una leyenda afirma que el agua no puede entrar en el Panteón, pero no es así... Gracias al llamado "efecto chimenea", la masa de aire más caliente presente dentro del edificio, al salir, «rompe» las gotas y amortigua la lluvia, que en realidad entra por igual, y es eliminada por los agujeros que se encuentran en el suelo.

SAN IGNACIO DE LOYOLA

¿Quieres entrar en una de las iglesias más «mágicas» de Roma?

Uno de los lados de la bonita Plaza de San Ignacio está cerrado por la fachada de una hermosa iglesia barroca. Cuando se construyó, el proyecto preveía la realización de una gran cúpula que, en realidad, nunca se hizo. Sin embargo, al entrar... ¡efectivamente hay una cúpula! ¿CÓMO ES POSIBLE?

• Misterio resuelto

La cúpula que ves, si te colocas sobre la marca cerca del altar, ¡no es más que un EFECTO ÓPTICO! Un «truco» creado por el artista ANDREA POZZO que en 1685 realizó los frescos utilizando una técnica particular que hace que una pintura parezca tridimensional y, por lo tanto, verdadera.

Después, si te desplazas hacia el disco dorado en el centro de la nave, descubrirás otra ilusión óptica: una iglesia que se superpone a la real pero... ¡CON EL CIELO EN LUGAR DEL TECHO!

VIA DELLA GATTA (PALACIO GRAZIOLI)

Agudiza tu vista: ¡tenemos que encontrar a una gata!

En la parte superior de la cornisa del Palacio Grazioli se encuentra la estatua de una pequeña gata, que en el pasado fue parte de la decoración del antiguo templo de Isis y que hoy da nombre a la calle.

¿PERO A QUIÉN REPRESENTA ESTA PRECIOSA ESCULTURA Y POR QUÉ SE HA COLOCADO ALLÍ MISMO?

• ¡Miiiaaaaau!

Según una vieja leyenda, se trataría de una gatita que vivía en el barrio y que una noche salvó a los habitantes de un incendio, avisándoles con sus agudos maullidos.

Otros cuentan, en cambio, que la gata salvó a un niño: el pequeño se había asomado por la ventana y estaba a punto de caerse de la cornisa, pero la gata logró advertir a la madre, que apenas tuvo tiempo de salvarlo.

NO SE SABE CUÁL DE LAS DOS HISTORIAS ES CIERTA, PERO TODOS ESTÁN DE ACUERDO EN AFIRMAR QUE SI SEGUIMOS LA MIRADA DEL ANIMAL LLEGAMOS AL ESCONDITE DE UN TESORO. ¡LÁSTIMA QUE NADIE LO HAYA ENCONTRADO TODAVÍA!

CIUDAD DEL VATICANO

¡La Ciudad del Vaticano es el Estado más pequeño del mundo!

Su superficie no alcanza el medio kilómetro cuadrado, un área equivalente a unos 60 campos de fútbol... ¿Puedes creerlo? Como todos los demás Estados, acuña monedas (si bien son siempre euros), tiene sus propios sellos postales y está protegido por el ejército más pequeño que existe. El jefe de Estado es el Papa, que también es la máxima autoridad religiosa de la Iglesia Católica.

Rodeado de murallas medievales, el Vaticano se encuentra en los márgenes del centro histórico de Roma y está ocupado en su mayor parte por la Basílica de San Pedro y su inmensa plaza, así como por algunos edificios, uno de los cuales alberga los extraordinarios Museos Vaticanos.

MUSEOS VATICANOS

RESIDENCIA DEL PAPA

CAPILLA SIXTINA

BASÍLICA DE SAN PEDRO

EN EL MUSEO TAMBIÉN
ENCONTRARÁS LA ESTATUA
DE LAOCOONTE:
¿PERO ES UNA SERPIENTE
ESO QUE LO ENVUELVE?

• Los Museos Vaticanos

Los Museos Vaticanos albergan una de las colecciones de arte más importantes y extensas del mundo. La mejor manera de visitarlos es alquilando la audioguía para niños, que prevé una fascinante ruta ¡con mapa y «caza» de obras de arte incluidos! Con la compañía de la música y la escucha de textos atractivos y divertidos, descubrirás pinturas, esculturas, galerías llenas de mapas, ¡e incluso momias y sarcófagos!

• El pequeño ejército del Pontífice

El cuerpo de la Guardia Suiza Pontificia está compuesto por 135 hombres que vigilan constantemente al Papa, le acompañan en sus viajes, prestan servicio de honor durante las audiencias y recepciones y vigilan la ciudad. Se pueden reconocer fácilmente gracias a su pintoresco uniforme: un traje con mangas y pantalones abullonados de rayas azules, rojas y amarillas. Completan el equipo dos armas: ¡la espada y la alabarda!

DENTRO DE ESTE PEQUEÑO ESTADO SE ENCUENTRA UNA DE LAS OBRAS MAESTRAS ARTÍSTICAS MÁS EXTRAORDINARIAS DEL MUNDO.

PASA LA PÁGINA, SI TIENES CURIOSIDAD POR DESCUBRIR DE QUÉ SE TRATA.

CAPILLA SIXTINA

La Capilla Sixtina es uno de los mayores tesoros artísticos y culturales del mundo. Fue construida en el siglo XV por orden del PAPA SIXTO IV.

En 1508, el pontífice pidió a MIGUEL ÁNGEL que pintara un fresco en la enorme bóveda. Se trataba de más de quinientos metros cuadrados de superficie: ¡UN TRABAJO TITÁNICO!

• Con la mirada hacia arriba

Una de las primeras dificultades que encontró MIGUEL ÁNGEL fue la de llegar al techo, de 20 metros de altura. El artista diseñó una sencilla plataforma de madera colocada sobre soportes anclados cerca de las ventanas, para que el trabajo fuera invisible desde abajo y dejara libre el espacio debajo. De pie, con la mirada puesta en el techo, Miguel Ángel trabajó incesantemente durante CUATRO AÑOS. ¡Se dice que estaba tan ensimismado que ni siquiera volvía a casa a dormir! Esto le provocó graves dolores en los huesos, mareos y problemas de visión.

• Hago todo yo solo

Miguel Ángel recibió el encargo de pintar solo los DOCE APÓSTOLES, ¡pero cuando terminó el trabajo las figuras eran más de TRESCIENTAS! El extraordinario artista ilustró toda la historia de la Humanidad antes de los diez mandamientos: la creación, la historia de Noé, el Génesis y el Antiguo Testamento. ¡Se dice que no confiaba en nadie y que pintó casi todo el techo solo!

¡Sígueme, nos espera otro rincón de Roma!

1 JANÍCULO

TÍBER

2 BOCA DE LA VERDAD

RUTA 3

El recorrido de hoy está lleno de lugares insólitos y misteriosos: comenzaremos nuestra visita desde el octavo monte de Roma, donde al mediodía asistiremos a un evento realmente... EXPLOSIVO. Desde aquí bajaremos al *rione* Ripa donde un extraño personaje barbudo nos pedirá... ¡la mano! A continuación, buscaremos una serpiente en una isla con forma de barco y finalmente subiremos a otro monte, un magnífico lugar salpicado de naranjos amargos, en el que se encuentra un ojo de cerradura por el que tendremos que echar un vistazo.

3

ISLA TIBERINA

4

MONTE AVENTINO

• Las pasquinadas

Hace un tiempo, en Roma había seis estatuas «parlantes». No es que hablaran realmente, sino que lo hacían los romanos que por la noche colgaban papeles con poemas o frases sarcásticas para criticar a los gobernantes o denunciar los problemas de la ciudad. Las «pasquinadas» se llamaban así por la estatua de PASQUINO, que aún hoy recoge las cartas irreverentes de los ciudadanos.

• El Tíber

Roma está atravesada por el Tíber, el tercer río más largo de Italia. En un tiempo se llamaba Albula, del latín *albus*, que significa «blanco», «claro», en referencia al color del agua. Según una antigua leyenda, debe su nombre actual a Tiberinus, severa divinidad de las aguas que un día cayó y... SE AHOGÓ EN ELLAS.

JANÍCULO

¡Vamos, vamos, tenemos que llegar al monte antes del mediodía!

No muy lejos de la Ciudad del Vaticano, se encuentra el octavo monte de Roma, desde donde se puede disfrutar de una magnífica vista de la ciudad. Aquí arriba, todos los días a las doce del mediodía en punto, se dispara un cañón. ¡BUUUM!
No tengas miedo, es de fogueo... o sea,
¡sin proyectil!

• Un reloj infalible

Se dice que hace mucho tiempo, en 1847, el PAPA PÍO IX estaba molesto por el hecho de que las campanas del mediodía nunca sonaban todas a la vez. Para solucionar el problema ordenó que un CAÑÓN disparara un tiro cada día a las 12 exactas...

... PARA QUE LOS SACRISTANES NO TUVIERAN MÁS EXCUSAS Y SONARAN LAS CAMPANAS TODOS AL MISMO TIEMPO.

• Un faro lejos del mar

A lo largo del bonito paseo del Janículo se divisa hacia lo alto nada menos que un faro. Pero, ¿qué hace aquí un centinela del mar, si aquí mar no hay? En realidad, este espléndido monumento no cumple una función para la navegación, sino que es el regalo de un comité de italianos residentes en Argentina. En ocasiones especiales la linterna proyecta sobre los tejados de la ciudad los colores de la bandera italiana.

¿SABES DECIRME CUÁLES SON?

Busca y encuentra:
· 1 niño comiendo un bocadillo dulce relleno de nata montada
· 1 chica comiendo un supplí
· 1 señor comiendo pizza
· 2 gatos
· 1 globo

31

BOCA DE LA VERDAD

¿Quién es esa extraña figura barbuda?

La Boca de la Verdad es una losa redonda de mármol con los ojos, la nariz y la boca perforados, amurallada en el pórtico de la iglesia de Santa María en Cosmedin.

En realidad, nadie sabe qué representa. Hay quienes dicen que representa a JÚPITER, otros al DIOS OCÉANO e incluso hay quienes piensan que se trata de un FAUNO. Lo cierto es que esta extraña mascarilla esconde misterios siniestros.

• Un detector de mentiras

Originalmente era una alcantarilla que servía para «tragar» el agua de lluvia, pero a partir de la Edad Media surgieron numerosas leyendas sobre ella: la más extendida afirmaba que la boca tenía el don de comprobar la verdad.

¿SABES CÓMO?

El acusado tenía que meter su mano en la abertura: si era sincero, la sacaba ilesa; de lo contrario, la boca se cerraba y... ¡se la cortaba!

¿DESEAS INTENTARLO? ¡SÉ VALIENTE Y METE LA MANO EN SU BOCA!

ISLA TIBERINA

¡En medio del Tíber se encuentra una de las islas habitadas
más pequeñas del mundo!

Tiene 300 metros de largo y unos 90 metros de ancho y está conectada
con las orillas del río mediante dos PUENTES. Se dice que en el pasado
tenía la forma de un BARCO, ¡con proa, popa y mástil en el centro!

• La serpiente de Esculapio

Según una antigua leyenda, cuando Roma fue golpeada por la peste hace
aproximadamente unos dos mil años, sus habitantes enviaron un barco a
Grecia para rezar al dios de la Medicina. Una vez llegados a su destino, una
gran serpiente salió del templo y se refugió en el barco. Creyendo que se
trataba de Esculapio, los hombres partieron hacia Roma y aquí el reptil se
arrojó al agua, llegó a la Isla Tiberina y desapareció, ¡como también lo hizo
la peste!

EN HONOR AL DIOS, EN LA ISLA SE ERIGIÓ UN TEMPLO DEL QUE AÚN HOY SON
VISIBLES LOS RESTOS Y EN EL QUE DESTACA...
¡LA FIGURA DE LA SERPIENTE!

SI TE GUSTAN LOS MITOS
RELACIONADOS CON LA
ANTIGUA ROMA, ¡PASA PÁGINA!

CADA ESTATUA, CADA MONUMENTO, CASI CADA PIEDRA DE ROMA ESCONDE UNA HISTORIA, UNA LEYENDA, UN MITO.

¿Sabes qué son los MITOS? Son narraciones que cuentan las hazañas de dioses, semidioses o incluso monstruos como, por ejemplo, los GIGANTES. Se trata de historias que servían para explicar determinados acontecimientos, para responder a ciertas preguntas o para celebrar sentimientos como la fuerza, el coraje, el odio, el amor. HOY TE VOY A CONTAR DOS.

• Hércules y el monstruo del Aventino

Se dice que en algún lugar del monte del Aventino había una cueva, habitada por el terrible gigante CACO, una criatura con el cuerpo cubierto de pelos, dientes amarillos y una boca que escupía fuego. Un día, HÉRCULES, el semidiós de extraordinaria fuerza, llegó a Roma trayendo una manada de hermosas vacas rojas que le había arrebatado al gigante GERIÓN. Cansado, se durmió cerca del Tíber, pero al despertar descubrió que algunas bestias habían desaparecido. LAS HABÍA ROBADO CACO. Después de entrar en su apestosa cueva cubierta de huesos, Hércules golpeó al gigante con el garrote y lo mató.

LA NOTICIA SE ESPARCIÓ Y LOS CIUDADANOS, PARA CELEBRAR AL HÉROE, ERIGIERON UN ALTAR EN SU HONOR.

• Eneas y el nacimiento de Roma

La antigua ciudad de Troya había sido asediada por los GRIEGOS, que con un ingenioso estratagema habían logrado incendiarla. Algunos soldados se habían escondido dentro de un enorme CABALLO DE MADERA que los troyanos habían llevado dentro de los muros, creyéndolo un regalo para los dioses. Pero cuando oscureció, los griegos salieron del gran animal y, mientras todos dormían, destruyeron la ciudad. Esa misma noche, un valiente héroe llamado ENEAS soñó con su amigo HÉCTOR que le anunciaba la derrota, induciéndolo a partir para fundar una nueva ciudad. Y ASÍ SUCEDIÓ. Después de innumerables aventuras Eneas llegó a Italia, se casó, ¿y sabes quiénes fueron dos de sus descendientes?

RÓMULO Y REMO... ¡PARA MÁS INFORMACIÓN, CORRE A LA PÁGINA 47!

MONTE AVENTINO

¡Qué vista tan encantadora y qué aire fresco y limpio se respira aquí arriba!

El Aventino es uno de los siete legendarios montes de Roma, las alturas en las que antiguamente se construyó la ciudad. Es un lugar mágico donde se puede pasear entre rosales y naranjos, como los del espléndido jardín con vistas a la ciudad, pero también es un lugar lleno de misterios, leyendas y sorpresas inesperadas. El momento en el que prefiero ir es al atardecer porque desde aquí arriba Roma se pinta de rojo y naranja, *¡auú!*, lo siento, ¡pero soy una loba romántica!

• ¡Se permite espiar!

En la Plaza de los Caballeros de Malta, justo en la cima del monte, se encuentra uno de los pocos lugares del mundo donde se puede mirar a través del ojo de la cerradura sin parecer un espión.

ACÉRCATE A LA GRAN PUERTA DE LA VILLA DEL PRIORATO Y ECHA UN VISTAZO POR EL AGUJERO DE LA CERRADURA: ¡VERÁS LA ESPLÉNDIDA CÚPULA DE SAN PEDRO!

• Una planta milagrosa

Pero la del Priorato no es la única rendija desde la que merece la pena echar un vistazo. Dentro de la cercana iglesia de Santa Sabina, una pequeña hendidura en la pared que da al HUERTO DEL CONVENTO permite ver el naranjo amargo más antiguo de Europa.

Según una leyenda, fue traído aquí desde España por San Domingo hace más de 800 años y desde entonces ha seguido renaciendo de sus raíces, regalando cada año flores fragantes y espléndidos frutos.

¿Es posible que ya hayamos llegado a la última ruta?

3 COLUMNA TRAJANA

4 CAMPIDOGLIO

2 FORO ROMANO

RUTA 4

Nuestra última aventura comienza desde uno de los lugares más famosos del mundo: un gran anfiteatro en el que luchaban los valientes GLADIADORES. Tras descubrir historias y curiosidades nos desplazaremos hasta las impresionantes ruinas del Foro Romano; aquí, fingiendo ser arqueólogos, descubriremos una misteriosa leyenda.

Intentaremos leer, como si fueran cómics, los relatos sobre la Columna Trajana y finalmente subiremos al Campidoglio, un MONTE LEGENDARIO en la que se encuentra un museo con una estatua muy especial.

PERO ANTES, ¿QUÉ TAL SI DESAYUNAMOS?

• Un dulce escondite

El *maritozzo* es un postre típico romano cuyos orígenes se remontan a la antigüedad. Está compuesto por un suave bollo dulce relleno con muuucha nata montada. *¡Qué rico!* Según una leyenda, los jóvenes escondían allí el anillo de compromiso y se lo regalaban a su enamorada. Si ella decía que sí, se convertían... ¡en «mariduchos» (este es el significado de *maritozzi*)!

• Los números de Via Trionfale

En Roma también hay una calle con una numeración muy particular. Durante un largo tramo, los números de las casas no siguen el orden cronológico tradicional, sino que indican la distancia, expresada en metros, desde el Campidoglio. ¡El último es el número 14 159!

¿TE IMAGINAS CÓMO SERÍA VIVIR EN UNA CASA ASÍ?

MARITOZZI

1

COLISEO

COLISEO

¡Hemos llegado al anfiteatro romano más grande del mundo!

El emperador VESPASIANO ordenó la construcción del Coliseo, que comenzó en el año 70 d. C., ¡hace casi 2000 años! Para celebrar el final de las obras, su hijo TITO, que había sucedido a su padre, inauguró el anfiteatro dando comienzo a cien días de juegos. De hecho, la gigantesca arena había nacido para ofrecer a los ciudadanos un lugar donde divertirse. ¡Miles de espectadores podían asistir a espectáculos, recreaciones, luchas e incluso a verdaderas batallas navales!

• Las terribles *Venationes*

Durante la mañana se realizaban los espectáculos con ANIMALES. Tito los hacía llegar de todas partes del imperio: avestruces, leones, cocodrilos, osos, camellos y muchas otras especies exóticas que, como por arte de magia, aparecían ante el público transportadas por "ascensores" invisibles. Desafortunadamente, a menudo se trataba de juegos crueles: luchas y combates en los que tanto los humanos como los animales perdían la vida.

• Las luchas entre gladiadores

Los gladiadores luchaban por la tarde. En general, se trataba de esclavos, criminales, prisioneros de guerra o condenados a muerte que eran entrenados duramente.

LAS LUCHAS SE LLEVABAN A CABO EN LA ARENA, UN TABLERO DE MADERA CUBIERTO DE ARENA CON TRAMPAS Y MONTACARGAS CONECTADOS A LOS SUBTERRÁNEOS QUE SERVÍAN PARA QUE LAS BATALLAS FUERAN MÁS «ESPECTACULARES».

Busca y encuentra:
- 1 reciario (gladiador con tridente y malla)
- 1 mirmilón (gladiador con espada y escudo rectangular)
- 2 bestias feroces (¡mira también entre el público!)

¡DESCUBRAMOS MÁS CURIOSIDADES SOBRE EL COLISEO!

• ¿Por qué «Coliseo»?

Originalmente se llamaba Anfiteatro Flavio, pero en la Edad Media todos comenzaron a llamarlo Coliseo. En latín, *colosseum* significa «colosal», «GIGANTESCO», y de hecho, dada la grandeza del monumento, es fácil entender por qué lo habían apodado así.

Según otras fuentes, en cambio, el adjetivo se refería a una enorme estatua de NERÓN, situada cerca de la arena.

• Naumaquias, las batallas navales de la antigua Roma

Parece ser que el Coliseo estaba dotado de un mecanismo especial capaz de INUNDAR la arena. ¡El anfiteatro se transformaba así en un auténtico «mar» en el que miles de prisioneros se retaban a bordo de birremes, trirremes y cuatrirremes!

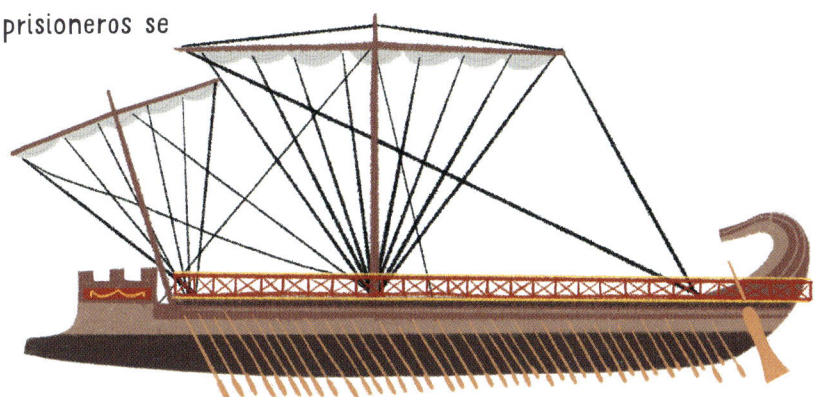

• El *Velarium*

En caso de mal tiempo o en los días de sol abrasador, marineros muy experimentados, pertenecientes a un destacamento de la flota romana, extendían sobre el anfiteatro una especie de «vela» que hacía de CUBIERTA. Además, en los días especialmente calurosos se pulverizaban chorros de AGUA PERFUMADA sobre el público para, *ejem...* mantener a raya los malos olores.

• Pulgar arriba, pulgar abajo

En muchas de las películas modernas de gladiadores, el emperador decide si salvar al luchador derrotado manteniendo el pulgar hacia arriba. Por el contrario, el pulgar hacia abajo decreta su muerte.

En realidad, parece que en la antigua Roma las cosas eran diferentes: el pulgar hacia arriba simbolizaba la espada desenvainada que mata, mientras que el puño cerrado indicaba la espada que vuelve a la vaina. ¡PRÁCTICAMENTE AL REVÉS!

FORO ROMANO

¡Sígueme, subamos a la parte superior de la azotea del foro!

Cada columna, cada piedra, cada ruina que tienes delante, en alguna época era parte de un templo, una iglesia, un arco, un palacio. El Foro Romano era, de hecho, el corazón de la actividad política y social de Roma, una gran «plaza» en la que se realizaban compras, se concluían negocios, se rezaba y se celebraban reuniones importantes y manifestaciones de poder.

¡USA LA IMAGINACIÓN Y TRATA DE FANTASEAR CÓMO ERA!

• La leyenda del *Lapis Niger*

Hace poco más de un siglo, un arqueólogo hizo un valioso descubrimiento: escondido bajo oscuras losas de mármol cerca de la Curia, encontró una importante área sagrada.

Y aquí, en la base de un altar, había un mojón de piedra con la inscripción latina más antigua jamás encontrada.

Decía: ¡QUIEN VIOLE ESTE LUGAR SERÁ MALDITO!

Según una leyenda, aquí se encontraba el sepulcro de Rómulo. ¿Quién era? ¡Descúbrelo en la página 47!

COLUMNA TRAJANA

¡Es hora de trasladarnos hacia los Foros Imperiales!

Cuando con la expansión de Roma un solo foro ya no era suficiente, con el tiempo se construyeron otras cinco «plazas», que tomaron el nombre de Foros Imperiales. En el Foro de Trajano, el último y el más extenso, hay un monumento grandioso y fascinante, ¡una columna de cien pies romanos de altura, que corresponde, más o menos, a 6 JIRAFAS COLOCADAS UNA ENCIMA DE LA OTRA!

• Como cómics antiguos

Lo extraordinario es que toda la columna ha sido esculpida con increíbles historias que cuentan la conquista de DACIA por el emperador TRAJANO.
Es un poco como si hubiera un rollo de papel que la envuelve, para «leer» como si fuera un cómic.

¡UTILIZA UNOS PRISMÁTICOS PARA VER LAS IMÁGENES DESDE MÁS ARRIBA!

CAMPIDOGLIO

El Campidoglio es el más pequeño de los siete montes sobre los que se construyó Roma. En el pasado, era la sede de los templos más importantes y, por su posición elevada, era un lugar estratégico para la defensa de la ciudad. Según una de las muchas leyendas, desde aquí fue empujada TARPEA, una joven que traicionó a los romanos haciendo entrar a los enemigos en la Roca. Por eso la ROCA tomó su nombre, además de convertirse en el lugar de donde eran arrojados ¡los condenados a muerte!

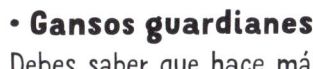

• Gansos guardianes

Debes saber que hace más de dos mil años el pueblo GALO había sitiado Roma. Los ciudadanos se habían refugiado en la colina, pero una noche los enemigos consiguieron encontrarlos.

¡FUE SOLO GRACIAS AL GRAZNIDO DE LOS GANSOS QUE LOS ROMANOS SE DIERON CUENTA Y SE SALVARON!

MUSEOS CAPITOLINOS

• Los Museos Capitolinos

¡En la Plaza del Campidoglio está el museo público más antiguo del mundo!

La forma más divertida de visitarlo es con la audioguía para niños, que cuenta las FASCINANTES HISTORIAS de las esculturas que allí se guardan. Antes de despedirme, quiero contarte una historia muy especial para mí...

Hace muchos siglos, la tierra que se convertiría en Roma estaba gobernada por un hombre cruel llamado AMULIO, que hizo arrojar al Tíber a los gemelos que tendrían derecho al trono, Rómulo y Remo. Afortunadamente, la corriente los empujó a la orilla y los pequeños fueron rescatados por una loba que los amamantó.

RÓMULO SE CONVIRTIÓ EN EL FUNDADOR DE ROMA. Y SIN MI ANTEPASADA... BUENO, ¡TAL VEZ NO TENDRÍAMOS ESTA MAGNÍFICA CIUDAD!

AQUÍ TERMINA NUESTRO VIAJE.

¡ARRIVEDERCI, TROTAMUNDOS!

LAURA RE

Nació en Roma y asistió a la Escuela a la Escuela Romana de Cómics. Inmediatamente después, colaboró con estudios de animación, donde ocupó el puesto de diseñadora de personajes, artista conceptual e ilustradora. Tras asistir a la Escuela Internacional de Ilustración de Sàrmede, se trasladó a Milán para cursar el Máster en Ilustración de Mimaster. Aquí ha profundizado sus conocimientos sobre la edición y la ilustración infantil.

Maquetación: Valentina Figus

WS whitestar kids™ es una marca propiedad de White Star srl.

© 2024 White Star s.r.l.
Piazzale Luigi Cadorna, 6
20123 Milán, Italia
www.whitestar.it

Licenciatario de National Geographic Partners, LLC.

NATIONAL GEOGRAPHIC and Yellow Border
Design are trademarks of the National Geographic
Society, used under license.

Traducción: Qontent
Edición: Yaiza Cañizares

ISBN 978-88-540-5514-8
1 2 3 4 5 6   28 27 26 25 24

Impreso en Eslovenia

MIXTO
Papel procedente de
fuentes responsables
FSC® C178000

DANIELA CELLI

Nació en Florencia en 1977. Después de estudiar piano en el conservatorio Luigi Cherubini, se trasladó a Nueva York, donde comenzó a estudiar Criminología. En 1997 regresó a Italia y se graduó en Derecho y obtuvo, además, un diploma en la Academia de Arte Dramático. Siempre apasionada por los viajes, desde 2008 escribe en un blog sobre las aventuras con su familia viajando por todo el mundo.

Lupetta cuenta entre sus antepasados nada menos que con la célebre loba que amamantó a Rómulo y Remo.
¡Le encanta cantar, adora las puestas de sol, los *maritozzi* con nata y conoce los secretos ocultos de cada piedra de Roma!

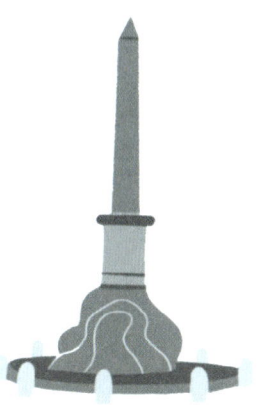

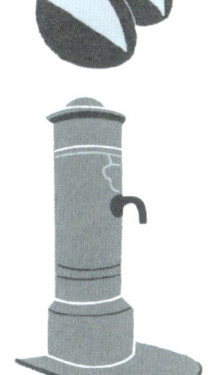

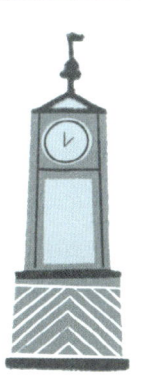